子は親の鏡……6
子どもはみんな、違うんだ……8
自分にやさしくなれれば……14
「駄目よ」と言う前に……15
大事なのは何がしたいか……23
抱きよせてください……24
バランス……26
親の思いどおりに変わるなんて……32
毎日子どもを誉める……38
子どもが微笑んだら、
心を開いてください……43
王様に謁見するように
子どもに接してごらんなさい……44
なにげない動作……48
子どものそばにいてあげなさい……54
心に光を……58
子どもは親から、
親は子どもから学んでいる……65
わかりやすい言葉……66
あるがままのその子……71
人を理解すること……75
親だってふつうの人間です……80

人は家族をつくり、
家族は人をつくる……85
分かちあう家族……86
違いを認めないから
辛くなってしまう……90
家庭は港、親は錨……94
一番安心できること……95
変わらぬ港でありたい……96
その子の一番の長所……98
子どもたち一人ひとりの違い……106
私たちはおじいちゃん、
おばあちゃんに近づいている……111
大人が示す手本……113
思春期の子どもを持つ
お母さん、お父さんへ……117
その子の光を輝かせたい……121
家族のなかに子どもがいる……125
子どもの力を引き出す鍵……126
育ちゆく命……127

装幀 渋川育由
イラスト ましませつこ

●子は親の鏡

けなされて育つと、子どもは、人をけなすようになる
とげとげした家庭で育つと、子どもは、乱暴になる
不安な気持ちで育てると、子どもも不安になる
「かわいそうな子だ」と言って育てると、子どもは、みじめな気持ちになる
子どもを馬鹿にすると、引っ込みじあんな子になる
親が他人を羨んでばかりいると、子どもも人を羨むようになる
叱りつけてばかりいると、子どもは「自分は悪い子なんだ」と思ってしまう
励ましてあげれば、子どもは、自信を持つようになる
広い心で接すれば、キレる子にはならない
誉めてあげれば、子どもは、明るい子に育つ

愛してあげれば、子どもは、人を愛することを学ぶ
認めてあげれば、子どもは、自分が好きになる
見つめてあげれば、子どもは、頑張り屋になる
分かち合うことを教えれば、子どもは、思いやりを学ぶ
親が正直であれば、子どもは、正直であることの大切さを知る
子どもに公平であれば、子どもは、正義感のある子に育つ
やさしく、思いやりをもって育てれば、子どもは、やさしい子に育つ
守ってあげれば、子どもは、強い子に育つ
和気あいあいとした家庭で育てば、
子どもは、この世の中はいいところだと思えるようになる

● Children Learn What They Live

●子どもはみんな、違うんだ

覚えておこう
子どもは、成長の設計図を持っている
子どもは、その子の速さで伸びる
子どもは、その子の時間で育つ
子どもは、その子の図案で実る
子どもは、その子の歩はばで学ぶ
子どもは、その子の資質で生きる
子どもは、その子の頭で考える
子どもは、その子自身の人生の約束を果たす

子どもは、みんな、違うんだ

子どもを励まそう
自分を大事にするように
人との違いを生かすように
全力でぶつかるように
よい実を結ぶように
愛の心を感じるように
この世の違いを認められるように
命を敬うように
確かな未来をつかむように

忘れないでほしい
その子は、この世にたった一人しかいないのだ
子どもは違う
一人ひとり、みんな違う
そんな子どもがいるから
この世にすばらしい
違いが生まれる

子どもはみんな違う

子どもが生まれ、その新しい小さな生命を初めて目にする瞬間。それは私たち親にとって大きな驚きと喜びの瞬間です。

けれど、この感動はやがて色あせてしまいます。私たちはすぐにわが子を他の赤ちゃんと比べはじめるのです。おっぱいを飲む量、体の動き、睡眠時間、泣き声、起きている時間——。比べる材料はきりがありません。

赤ちゃんが少し大きくなってからも比較は続きます。この子は他の赤ちゃんと同じように発育しているかしら？　寝返り、首のすわり具合、ハイハイは？　他の子に比べて歩き出すのが遅くないかしら……。

人と同じがいいと思うのは私たち親だけではありません。子どももまた、小さなときから友達と同じおもちゃをほしがり、同じビデオを見たがり、同じ服を着

たがります。

思春期に入ってからも子どもは相変わらず「友達と同じ」を求めます。「人と同じがいい」という価値観は、いつのまにか親から子へと受け継がれてゆくのです。

でも、こんなに誰もが人と同じになりたがっていたら、この世の中はなんと退屈で単調な世界になってしまうことでしょう。「人と同じこと」は、そんなにいいことなのでしょうか。

あなたのお子さんは、この世にたった一人しかいません。

私たちは「他の子と同じ」であることにあまりにも囚《とら》われてはいないでしょうか。その子だけが持っている、すばらしい違いを見逃してはいないでしょうか。

私たちは、親として、一人の人間として、子どもをもう一度新しい目で見つめられればと思います。その子の個性を育み、その子にしかできないことを家庭生活の中で伸ばしてゆきたい、私は強くそう願うのです。

●自分にやさしくなれれば子どもにもやさしくなれる

●「駄目よ」と言う前に
「こうしなさいね」
と子どもに教えてください

「駄目よ」と言う前に

「また、そんなことして！」
「また、そんなこと言って！」
「どうして、あなたはいつもそうなの！」

私たちは毎日、ついこんな言葉で子どもを叱りつけてはいないでしょうか。でも、いつもこんなふうに言われていたら、子どももうんざりしてしまいます。

強い言葉で否定する言い方は、子どもが危ないことをしようとしているときなど、本当に必要なときにだけ言うようにしてほしいと思います。

子育てで大切なのは、子どもを頭ごなしに叱りつけることではなく、子どもを教え、導くことです。

どうするべきなのか、何をしてほしいのか、子どもにもわかる言葉で具体的に

伝えてあげてください。

「スプーンは、ほら、こういうふうに持つのよ」

「靴は、最後に履きなさい」

「カーディガンを着なさい」

こんなふうに、してほしいことを具体的に伝えてください。

「また、スプーンをそんなふうに持って!」

「だから駄目なのよ! お母さんがやってあげるから、じっとしていなさい」

こんなふうには叱りつけないでほしいのです。子どもにやり方を教え、まず、自分でやらせてみてください。親が先回りして、やってしまわないようにしてください。


私たち人間というものは、相手が自分に何を望んでいるのかがわからないと不安になります。けれど、それがわかれば「なんだ、こうすればいいのか」と安心できます。これは、子どもでも同じです。お母さんは自分にこうしてほしいのだとわかれば、落ち着いて言いつけを守ることができるようになるのです。

お母さんも、子どもが素直に言うことを聞いてくれれば、こんなに嬉しいことはありませんね。そのためには、何を、どうしてほしいのか、わかりやすい言葉ではっきり伝えてほしいのです。

たとえば、病気のおばさんのお見舞いに行くとしましょう。

「アンおばさんのお家に行ったら、静かな声でお話ししてね。おばさんは病気なの。でも、みんなに会いたがっているのよ。静かにしていられるかな?」

こんなふうによく言い聞かせて、子どもを納得させてください。

「さわぐから駄目なのよ。アンおばさんが病気なのは、わかっているでしょう」

こんな言い方は避けてほしいのです。あれは駄目、これも駄目。こんなお小言は、誰だって聞きたくはないものです。これでは、お母さんはうるさいと子どもに文句を言われてもしかたありません。

「……しては駄目だ」ではなく、「……してほしい」。親子の間でもこんな肯定的な言い方が大切なのですね。

「ほら、一人で道を渡っちゃ駄目よ」ではなく、「お母さんといっしょに、渡りましょうね」と言ってあげてほしいと思います。

「……は駄目です」「……はいけません」という禁止の言葉は、普段はあまり使わないからこそ、使ったときに効き目があるのです。子どもが家庭内の決まりを破ったとき、危険なことをしようとしているとき、そんな本当に大事なときにだけ使うようにしてください。

家の中では走ってはいけない。階段で遊んではいけない。このような家庭内の決まりは、子どもだけでなく、家族みんなが安心して生活するために欠かせないものです。このような決まりをつくるときは、少し大きな子どもにはその子の考えも聞いて、子どもが納得するルールをつくるようにしたいものです。

そして子どもが言いつけを守ったときには、誉めることも忘れないでください。


「ありがとう、と言えて偉いわね」

「おばあちゃんに本を取ってあげて、いい子ね」

「宿題がきちんとできたわね。学校でもよくできるようになるわよ」

「妹に本を読んでくれたのね。なんて、いいお兄ちゃんでしょう」

誉めてもらえば、子どもだってやる気が出ます。親の物言い一つで、子どもの

気持ちも態度も、ずいぶん変わるのです。

「駄目よ！」と叱る前に、「こうしなさいね」と子どもに教えてあげましょう。そして、誉めてあげましょう。そうすれば、子どもはだんだん親の言うことを聞いてくれるようになるものなのです。

●大事なのは
何がしたくないか
ではなく
何がしたいか

●子どものそばにいてあげてください
そして、抱きよせてください
そんな家庭をつくってください
どんなとき、子どもに寄りそったらいいか
どんなとき、手を差し伸べたらいいか
どんなとき、叱ったらいいか
どんなとき、諭したらいいか
どんなとき、見守ったらいいか
どんなとき、待ったらいいか
それを考えてください
家族みんなが役割をはたし、一人ひとりを大切にする
そんな家庭をつくってください

●バランス

与えすぎてはいけません
子どもにだって
親に受けとってほしいもの
があるのですから

子育てとは待つこと

「お母さんにかしてごらんなさい。あなたには、まだ難しいから」
「さあ、お父さんにやらせてごらん」
「ほら、残りの宿題は、ついでだからお母さんがやっておいてあげるわ」

子どものするべきことをこんなふうに親がやってしまったとしたら、どうなってしまうでしょうか。子どもは大事な学習の機会を失ってしまいます。そんなことにはならないように、私たち親は十分気をつけなくてはなりません。

親なら誰でも、子どもが困っているときには黙って見てはいられないものです。つい、手をかしてあげたくなってしまいます。

でも、子どもの些細なつまずきを我慢できずに、いつも手を出してしまう。失敗すると子どもがかわいそうだからと、先回りしてやってしまう。これはいかが

なものでしょうか。

困っている子どもを黙って見ているのは、たしかに忍びないものです。しかし、子どもがかわいそうだからといって何でもかんでもやってしまったら、それは子どものためになるでしょうか。

子どものために良かれと思ってすることではあっても、結果的には子どもの成長の芽を摘んでしまう。これはよくあることなのです。

私たち人間は、しばしば失敗によって学びます。苦い失敗を経験することによって、賢くなるのです。

一人でできたとき、自分で考えて答えが見つかったとき、子どもの顔は輝きます。この瞬間をじっと待つのはたしかに楽ではありません。けれど、その子の取り組んでいることが大変であればあるほど、できたときの達成感は大きいのです。

「できた、できた！　ぼく、自分でできたよ！」

こう叫ぶとき、子どもは自信に溢れています。これは、子どもの精神的な成長にぜひとも必要な経験なのです。

幼い子どもがブロックで遊んでいるときも、「ほら、こうするのよ」とやたらと手助けしてはいけません。自分で組み立て、うまくゆかなかったらもう一度やってみる。こういう試行錯誤を通して、子どもは集中力を養い、途中で投げ出さない根気を身につけるのです。

子どもに家のお手伝いをさせるのもよいでしょう。小さな子どもでも、その子なりにできる仕事を与えてください。

「お母さん、できたよ」と、子どもは誇らしげに微笑むことでしょう。

子どものつまずきを許せず、つねに完璧を求める親御さんは、どうしても子どもに過干渉になってしまいがちです。けれど、いつも完璧を求められたら、子どもだって息苦しくてしかたありません。失敗を恐れ、びくびくしてしまいます。親を当てにして、自分でやりとおすことのできない子になってしまうかもしれません。

子どもが自分なりに考えて工夫できるように、見守りたいものです。人を頼らず、必要なときにだけ、助言や助けを求められる子になってほしいと思います。

だからこそ、親は代わりにやってしまうのではなく、子どもが行き詰まったときに別の見方や考えるヒントを与えてほしいのです。待ってあげてほしいのです。子育てとは待つことだとも言えるのですから。

子どもを黙って見守るには、親にも我慢が必要です。どんなことにつまずいているかを見て、必要なときには助言を与えてあげましょう。そして、子どもを勇気づけてあげてください。子どもはときには失敗を味わい、試行錯誤を繰り返すことによって大きくなってゆくのです。

●子どもが、いっぺんに
親の思いどおりに変わるなんて
そんなこと決して思ってはいけません

子育ての落とし穴は、期待しすぎること

子どもに、期待しすぎないこと。これは、たぶん私たちが親として最も気をつけなくてはならないことです。

子どもには自然な成長の過程というものがあります。その子が新しいことを学び、新しいことができるようになるためには、その子なりの段階を経なくてはならないのです。

言われたことがわかる、言いつけが守れる、お行儀よくできる、勉強する、人にやさしくできる、お手伝いができる――。こういうことはみな、できるようになるまでには時間がかかります。どの子にも、その子なりの発達段階があるのです。

子どもの年齢が上がれば、もちろん、できることは増えてゆくでしょう。けれども、私たち親は、どうしても「もっと、もっと」と期待しすぎてしまい、子どもをせきたててしまいがちです。

もっとできるはずだ、もっとうまくできるはずだ、もっといい子になるはずだ、もっと言うことを聞くはずだ……。気をつけないと、期待はどんどん大きくなってしまいます。

これでは、子どももたまったものではありませんね。大きなストレスを感じてしまいます。つねに「もっと、もっと」というプレッシャーを感じることは、子どもにとっても親にとってもよくないことです。家の中は重く、息苦しくなってしまいます。

こうなると、子どもに問題行動が出てしまうこともあります。子どもは問題行動を起こすことで、「ぼくに、そんなに期待しないで」と訴えようとしているのです。反対に、親の期待に懸命に応えようとする子だと、すっかり元気がなくなり、いつも「疲れた」と感じるようになることもあります。どうなるかは、子どもによってさまざまなのです。

ここで、少し考えてみましょう。子どもに「もっと、もっと」と思うとき、私たち親自身が自分のことを「このままではいけない」と思ってはいないでしょうか。夫や妻に不満を抱いてはいないでしょうか。

「もっと、もっと」と望む気持ちの裏には、大きな不満が隠されていることが多いのです。

たとえば、こんなお母さんがありました。大の教育ママで、息子さんはとても勉強ができました。けれど、このお母さんは本当は女の子がほしかったのです。息子さんを優等生に育ててあげることで、女の子がほしかったという不満を忘れようとしていたのです。

あるいは、子どものころに感じた大きな挫折感を、現在の自分の家庭で償おうとすることがあります。こんなことを言ったお母さんがありました。

「夫には、もっと頑張ってほしいのです。父に失望していた母みたいには、絶対になりたくないんです」

子どもに「もっと、もっと」と思ってしまうとき、もう一度立ち止まって、ご自分のことをふりかえってみてください。親として、妻として、夫として、あなたは自分に素直に生きていますか。ストレスに押しつぶされてはいませんか。一歩さがって、今の生活をふりかえってみましょう。

夫婦の生活、子どもとの毎日――どうかふりかえってみてください。

家族とは一つの輪であり、互いを映し出す鏡でもあります。お父さんもお母さんもゆとりがなく、気が張りつめている。子どももそんな空気を感じて、息が詰まりそうになっている……。「もっと、もっと」というストレスは家族みんなを窒息させてしまいます。

人に期待すること自体は、決して悪いことではありません。家庭や職場や人とのつきあいで、相手を信頼し、期待することは大切なことです。相手に何をしてほしいのか要望を伝えることは、よい人間関係をつくる上で欠かせません。その人がどんな人であるかをふまえて、できることを頼む。それは過剰な期待をよせることとは違います。

待つことも大切です。特に子育てでは、何かがすぐに自分の思いどおりに動くなどということは、滅多にありません。「待つ」ということが、育てるということなのですね。

お子さんのことを、どうか待っていてあげてください。子どもはみんな、親の期待に応えたいと思っています。「もっと、もっと」と自分の気持ちをぶつける前に、子どもの様子に目を向けてあげてください。

さあ、心を落ちつけましょう。あなたのお子さんは十分よい子ではありませんか。そのよいところを、見つめてあげてください。

そして、子どもといっしょに笑ってください。

●どんなことでもいいのです
毎日必ず子どもを誉めてあげてください
「大好きよ」と言ってあげてください

毎日子どもを誉める

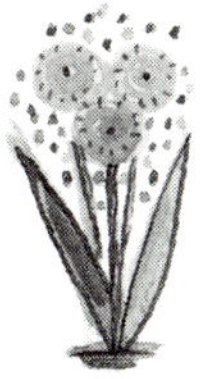

子どもを誉めると、その子のためにならない。かつては、そんなふうに言われていました。親自身もそう思っていました。けれど、そんな時代は終わったのです。

子どもを誉める。それは、その子を認め、励ますことです。子どもは親に自分を見てほしい、認めてほしいと思っています。親に誉められて、子どもは伸びるのです。

子どもといっしょに何かする機会を、できるだけ多く持ちましょう。いっしょに何かしていれば、子どもの様子がよくわかるものです。

たとえば、小学生の息子さんの野球の試合を見に行くとしましょう。別にいっしょに野球をしなくてもいいのです。親が自分を見ていてくれると思うと、子どもは励まされます。知らん顔しているようでも、内心では嬉しく思っているのです。後で、感想を聞かせて、がんばったことを誉めてあげましょう。

もっと大きくなった子どもとは、じっくり話をする機会をつくってほしいと思います。学校や友達の話、趣味の話などをして、その子の今の状態をつかんでほしいのです。

お子さんは、活発なお子さんでしょうか。それとも内気なお子さんでしょうか。時間をつくってじっくり話をすると、日ごろは言わなかったようなことを、打ち明けてくれることがあります。あるお母さんは、息子さんが友達ができなくて悩んでいることを、腰をすえて話をしてみて初めて知りました。辛い気持ちを聞き、楽にしてあげたいと思ったそうです。

子どものよい聞き役になって、気持ちを受けとめてあげることは、とても大事なことです。話を聞いているうちに、この子はこんなに繊細でやさしかったのかと、今さらながら驚くこともあるでしょう。

子どもは日々成長しています。何かの機会に、この子はもうこんなに大きくなったのかと驚くことがあるかもしれません。

「お母さん、ぼくが、やってあげようか」

つい数週間前までは決められたことしかできなかった幼い子が、こんなことを言って手を貸してくれたとき。それは親にとって、とても嬉しい瞬間です。「ありがとう」と言って、嬉しい気持ちをお子さんに伝えてください。

幼い子どもは体中で喜びを表します。ですから、親にもそれがすぐに伝染します。

「お母さん、見て、見て！　できた、できた！」

嬉しいとき、子どもは手をたたき、ぴょんぴょん飛びはねて叫びます。私たち大人は、こんなふうに体中で喜びを表すことはあまりありませんね。でも、これはすばらしいことです。子どもといっしょに喜びあえればと思います。

子どもといっしょに踊ってください。

子どもといっしょに手をたたいてください。

きっと、幸せな気持ちになりますよ。

子どもを誉めたいのに、素直にそう言えない親御さんも、あるいはいらっしゃるかもしれません。息子さんの自慢話をお隣の奥さんには長々とするのに、子どもの前では何も言えない。ひょっとするとそんなこともあるかもしれません。こんなときには、少し子どもにも自分にもやさしくなって「運動会では、よくがんばったわね。お母さん、嬉しかったわ」と、伝えてあげてください。

子どものそばで微笑んでください。がんばったら誉めてあげてください。黙っていては、たとえ親子の間でも伝わりません。

子どもを誉めて、いっしょに幸せな気持ちになれたら、それはどんなに素敵なことでしょう。

●子どもが微笑んだら、心を開いてください
子どもが話したら、心の耳で聞いてください
子どもが動いたら、全身で受けとめてください

●月に一度、王様に謁見《えつけん》するように子どもに接してごらんなさい

月に一度、王様に謁見するように子どもに接してごらんなさい

「それって、子どもに跪《ひざまず》いて、挨拶しろってことですか？」

私の開いている子育て教室で、お母さんが言いました。

「いいえ、そういうことではないのですよ……」

私は答えました。

「月に一度、王様に謁見するように、子どもに接してごらんなさい」

これは、ときにはこんな気持ちで過ごしてほしいと思って私が考えた言葉なのです。日ごろ忘れていたお子さんのすばらしさに、きっと気づくはずですよ。

子どもを特別なお客さまだと思って一日過ごしてみてください。どんなことをしてあげますか。私は子育て教室のお母さん全員に、実際に試してもらいまし

た。その結果、お母さんたちはこう言いました。

「なんだか、気分が楽になりました。普段、子どもを早く、早く、と急《せ》きたててばかりいたのですね」

「子どもの言うことを、ちゃんと聞いてあげられるようになりました」

「勝手に決めてしまわないで、子どもに聞けるようになりました」

「子どもの様子に気を配ることができました」

「子どものほうを見て、ものが言えるようになりました」

「この子はどうしたいのか、まず考えました」

「どうしようかと迷うことが少なくなりました」

「前より、子どもにやさしくなれたような気がします」

「子どもが喜んでお手伝いをしてくれました」

反響は思いのほか大きいものでした。子どもとのコミュニケーションが前よりずっとスムーズになった、とみなさん声をそろえて言いました。子どもの気持ちがわかるようになったのですね。子どもにやさしくなれた、と感じたお母さんも多かったようです。

何よりも、お母さん方は子どもを大切に思う気持ちが強くなったのです。とてもシンプルなことなのですが、子どもに「どうしたいの？」と尋ねられるようになったのです。こちらの気持ちを押しつけることが減ったのですね。

「子どもって、ちゃんと考えているんですね」

あるお母さんは言いました。他のお母さんも頷《うなず》いていました。

お母さんが変われば、子どもも変わります。いらいらすることも少なくなり、家の中が和んできます。ずっと元気が出て、気持ちが明るくなるでしょう。仕事から帰ってきたお父さんも「なんだか、楽しそうだね」と違いに気づいたそうです。子どもは日々成長しています。一週間前にはそれでよかったことも、今週には違ってくるかもしれません。私たち親はできるだけ柔軟な心でいたいと思います。子どもの成長を見つめてあげられればと思います。そして、人と助けあって生活することの大切さを身をもって示したいと思うのです。心が和んでいれば、微笑むことができます。子どもといっしょに笑うことができるのです。

一日でいいのです。お子さんを大事なお客さまだと思ってごらんなさい。きっと、びっくりするようないいことがありますよ。

●子どものなにげない
動作にも
眼を見張りたい

まず、気づくこと

私たちは自分が赤ちゃんだったころのことを覚えていません。初めてこの世というものを見て、お母さんの顔を見たときのこと、初めて歩いた日のこと、初めて手を振ったときのこと、もう何も覚えていません。

赤ちゃんは体全体で自分を表現します。私たちも思えば、かつてはそんな赤ちゃんでした。けれども、今では大人になってしまいました。できるだけ喜怒哀楽は出さないように、できるだけ気持ちを抑えるようにして暮らしています。外から見たら、何を考えているかわからないでしょう。それが、大人であること、礼儀をわきまえることなのですから。

でも、子どもは違います。あるがまま、心のままに生きています。今やっていることに夢中です。本当に、子どもはエネルギーの塊です。好奇心でいっぱいなのです。そして、感動を全身で表します。私たち大人も、子どもといっしょに驚き、泣いたり笑ったりできたらどんなによいでしょう。

感動はひとつのエネルギーです。子どもは、このエネルギーに溢れているのです。だから元気いっぱいなのです。

私たち大人も、こんな子どもを見習えればと思います。子どものように感動でき、それを体全体で表せたら、どんなに気持ちがいいでしょう。

まず、気づくこと、意識すること、それが始まりです。

たとえば、私たちはよい本を読んだり、よい映画を見たりしたとき感動します。が、そのためには、まず、その本なり映画なりに気づかなければなりません。そして、興味を持つわけです。すべては気づくことから始まるのです。

子どもの動作、子どもの動きに気づいてください。

まず気づくこと、それが大切なのです。赤ちゃんは、いつも何かに気づいています。見て、聞いて、匂いを嗅いで、触って、味わって。体の向きを変え、体を動かして。こうして筋肉の感覚や平衡感覚を養い、体全体の調和をとってゆきます。ですから、赤ちゃんにやさしく触れることはとても大切なことなのです。

子どもの変化に気づき、あたたかい眼差しを注いであげてください。その子のしていることに目を向け、関心を持ってあげてほしいのです。

お子さんが初めて何かができた日のことを思い出してください。昔のビデオを見られるのもよいでしょう。親なら誰でも子どものかわいい姿を覚えているものです。

ある障害を持つ子のお母さんは、こんなふうに話してくれました。

「あの子が初めてさようなら、と指を動かせたときには、思わず泣いてしまいました」

気づいてください。子どもの動作、声、匂い、感触に。

眠っている子、遊んでいる子。子どもをじっと見ていると、ああ、子どもはなんてかわいいのだろう、と思わず心の中で呟いてしまいます。こんな小さな体の中に、どうしてあんなエネルギーがあるのでしょう。本当に、子どもを見ていると驚いてしまいます。

子どもは親に元気を分けてくれます。だから、子どもといっしょにいると楽しいのです。子どもの笑顔、子どもの声、子どもの動作。全身で受けとめてください。子どもがあどけない時期は、思えば短い間なのですから。

●子どものそばにいてあげなさい

子どものそばにいてあげなさい
そして微笑みかけなさい
そうすれば
子どもも、あなたに
微笑みを返してくれる

世界中の子どものそばにいてあげなさい
そして微笑みかけなさい
そうすれば

世界中の子どもたちが
微笑みを返してくれる

母なる自然の恵みに寄り添い
そして微笑みかけなさい
そうすれば
すべての恵みが、あなたに
微笑みを返してくれる

広い大地と海、イルカとクジラに寄り添い
微笑みかけなさい

美しく輝く葉と花、羽ばたく鳥と蝶に寄り添い
微笑みかけなさい

空と山、虹と雲に寄り添い
微笑みかけなさい

きらめく陽の光、またたく星の光に寄り添い
微笑みかけなさい

寄り添い、微笑みかけなさい
そうすれば
地球が、あなたに

やさしい微笑みを返してくれる

寄り添い、微笑みかけなさい
そうすれば
大地の女神ガイアが、あなたに
慈悲深い微笑みを返してくれる

すべての子どもに寄り添い
輝きを受けとめ
たえず
微笑みかけなさい

●子どものそばにいるときは
心に光をともしてください
子どもはそれを見て、感じて
そして、光を返してくれます！

心に光をともそう

私たちの心の中には、さまざまな考えや感情が湧きおこります。世の哲学者や作家、思想家は何世紀にもわたって、この人間の心を探求してきました。

最近の科学的な研究結果を考えあわせても、ますます真実だと思えるのは「人間は、自らが思うところのものとなる」という言葉です。感謝や喜びの感情は、体を健康にします。一方、怒りや恨みはストレスを生み、体をも蝕《むしば》みます。

シンガーソングライターのニール・ダイヤモンドは、あるとき少年と宇宙人の交流を描いた映画を見て感動し、歌を作りました。

題名は「心に光をともそうよ！」。

私たち親も、心の中の光を輝かせたいと思います。心の中にスイッチがあるとイメージしてください。このスイッチを入れれば、光がともり、輝くのです。心が晴れて、力が湧いてきます。

私は子育て教室で、これを実際にお母さん方にやってもらいました。一週間、試してもらったのです。効果は抜群でした。あるお母さんは言いました。

「やさしい気持ちになれました。十二歳の息子が抱きついてきて『お母さん、大好き』と言ってくれました。普段は、こんなことは言わない子だったのに。イライラすることも少なくなりました。夫も私が変わったのに気づいてくれたようです」

他の二〇人のお母さん方も似たような経験をされたそうです。

心のスイッチを入れる。とてもシンプルなことです。人間の心には、不思議な力があるものなのです。

幼稚園で試してみた先生もいます。お昼寝の時間の前に「心のスイッチを入れて。光をともしてください」と園児たちに言いました。その日、子どもたちはぐっすり眠り、すっかり元気になって目を覚ましました。午後の遊びや歌は、いつもよりうまくできたそうです。

あなたも、ぜひ試してみてください。お子さんにも教えてあげてください。何

かが変わるかもしれませんよ。

脳は、心の中で思い描くイメージと本当のイメージとを区別していないと言われています。イメージ・トレーニングは長い間、心理療法で効果を上げてきました。心の傷となった出来事を演じ、どうすればよかったか、どう行動すべきだったのかを演じることによって心を癒してゆく演劇療法も効果があるといいます。

何かをイメージすることは、私たちの心に大きな影響を与えるのです。

スイッチを入れて、心に光をともす。小さな子どもはこれが大好きです。本当に光が見えるのです。私は小さな女の子にこう言われました。

「光に、触ってもいい？」

私は頷きました。

「わあ、あたたかい」

女の子は言いました。私は、

「あなたも、スイッチを入れてみて」

すると、女の子は手をたたいて叫びました。

「ああ、ついた、ついた！」

私は感動して、言いました。

「いい子ね。ほら、あなたの光が、きらきら光っているわ」

そんな、目で見えないものを信じるなんて馬鹿らしい、と言われてしまうかもしれませんね。ですが、目で見える心電図でも、怒りや恨みの感情は針のように尖った線となって現れます。一方、喜びや感謝の気持ちは、丸い穏やかな波になるのです。

このような心と体の関係は、東洋医学でも言われてきたことです。二十一世紀の今日、こうした知恵に学ぼうではありませんか。

●子どもは親から

親は子どもから学んでいる

●わかりやすい言葉で
素直に話してください
先回りしないで
子どもにやらせてください

子どもに ゆとりを与える

ゆとりがあるとは、どういうことでしょうか。私たちは、新しい家具がほしいと思ったとき、部屋にそれだけの「ゆとり」があるかどうかを、まず考えます。

子育てにも、似たようなことがいえます。子どもに何かしてほしいと思ったら、子どもにそれができるだけの「ゆとり」があるかどうかを、まず考えてみてください。子どもにも十分な時間と空間が必要なのです。できるまで、子どもを待っていてあげてください。

けれども、私たちはつい子どもに「まだなの？」「いつ、やるの？」「早くしなさい」などと言ってしまいます。子どもを急《せ》かせてしまうのです。もちろん一日にやらなくてはいけないことは山ほどあるので、無理もないのですが……。

まだてきぱきとできない幼い子どもには、ときには時間を決めてやらせてみるのもよいでしょう。

「長い針が2のところに来るまでに、これをやってね。終わったら、遊びに行っていいわ」

このように具体的に伝えれば、子どもはのみこみます。終わったら遊びに行ける、というのも励みになるでしょう。

「ええ、スージーのお家に遊びに行ってもいいわよ。でも、その前に、部屋を片付けて、洗濯物は籠に入れておいてね」

これなら、子どもに伝わります。けれども、こんなふうに言ったらどうでしょうか。

「遊びに行きたいですって。そうねえ。でも、一体いつになったら、部屋を片付けるのかしら」

このお母さんは「どうせやらないから、言っても無駄だ」と思いながら、なのに「やってほしい」と言っているのです。これでは、子どもは混乱してしまいます。どうしていいかわからなくなってしまうのです。

結局、最後の最後になって、このお母さんは「さっきちゃんと言わなかった?

今日はお婆ちゃんが来るって。ほら、ぐずぐずしていないで、今すぐ片付けなさい！」と叫ぶことになってしまうのです。

こんなふうにはならないように気をつけられればと思います。このお母さんは、本当はどうしてほしいのか、最初からはっきりと伝えるべきでした。

私たちは心にわだかまりがあると、相手にはっきりとものを言えなくなってしまうものです。「どうせ、駄目だ」と思っていると、相手が子どもでも要望を伝えられなくなってしまうのです。

子どもには、その子にやってほしいこと、できることを、はっきりと伝えてください。そういう意味では、家族みんなに役割分担があるといいのです。

「みんながお手伝いしてくれれば、家の中はいつもきれいになるのよ。お母さんひとりじゃ、できないの。金曜日には、お部屋のお掃除をしてね。やらなかったら、テレビはなしですよ」

こんなふうにわかりやすく言い聞かせてあげてほしいと思います。決まりを作るといいのです。何より「お母さんひとりではできない」と本当のことを伝えてみてください。家族には助けあいが大事だということを伝えるのは大事なことです。

それから、子どもが言われたことを納得しているか、確かめてください。一方的に押しつけられたと思っていると、子どもは言いつけを守らないことが多いのです。

不満を訴えてきたら、その子の言い分にもどうか耳を傾けてあげてください。そして、納得するように、受け答えをしてください。子どもによっては、親が言ったことをよく理解できていないこともあります。

言いつけを守ったら、誉めてあげてください。

「お母さん、助かった。嬉しいわ。おかげでお部屋がきれいになったわね」

こんなお母さんの一言が、子どもには何よりのご褒美なのです。

何をしてほしいのか、具体的にはっきりと伝える。そして、それができるように、子どもにゆとりを与える。これが、子どもに言いつけを守らせる知恵だと私は思うのです。

●あるがままのその子を受けいれ
慈しみ
誉める
それが子どもを愛すること

あるがままのその子を受けいれる

　私たちは子どもに「大好きよ」と言いますね。けれど、赤ちゃんやまだとても幼い子どもは、この言葉の意味を知りません。やさしく抱かれ、頬ずりされて、この言葉の意味がわかるようになるのです。
　親の愛情に包まれて、子どもは「大好きよ」という言葉を学びます。子どもは、このように親と子の絆から、この世を学んでいくのです。親が子どもを慈しむ気持ちは、あらゆる愛の中でも最も尊いものだといえましょう。
　親の愛情を知らずに育つと、子どもの人生は不安の多い道のりになります。いつも心のどこかで怯えながら育つことになるのです。思春期を迎えるころには、仲間に愛情を求め、仲間を家族とすることでしょう。できれば、子どもにこんな道を歩ませたくはありません。親に十分愛されていない子は、つねに不安を感じているので、新しいことをするのに気後れしてしまいます。大人になってからも、心の奥に不安を抱え、自分は誰からも愛されない、余計者なのだと感じてしまうかもしれません。これはとても悲しいことです。

親の愛は、一生涯、子どもの心を支えます。子どもに愛を惜しんではなりません。「こんなことをしたら、おまえを愛してやらない」と脅してはなりません。親の愛は、子どもにとって食物や水と同じくらい大切なものなのです。子どもの人生がかかっていると言ってもよいのです。

お母さんやお父さん、おばあちゃんやおじいちゃん、おばさんやおじさん。子どもは家族の人々に慈しまれて育ってゆくのです。

子どもを愛することは、その子をそのまま認めることでもあります。たとえその子が悪いことをしたとしても、その子がその子であることに変わりはありません。その子自身とその子のしたことを分けて考えてください。

「おもちゃを投げるなんて、なんて悪い子なの」とは言わないで、「おもちゃを投げてはいけませんよ」と言ってください。

「おもちゃを投げたら、壊れてしまうのよ。もう、遊べなくなってしまうのよ」と言い聞かせてほしいと思います。

子どもを「悪い子だ」と決めつけないでほしいのです。そうではなく、その子のやったことを悪いことだと諭してあげてください。

「おもちゃを投げるのは悪いことです」と言って、「そんなことをしたら、もうおもちゃでは遊ばせませんよ」と伝えてほしいと思います。

その子を否定するのではなく、その子のしたことを否定する。それが大切なのです。

よいことをしたときには、誉めてあげてください。子どもは親に誉められると、本当に嬉しいのです。子どもは、親に誉められた面を伸ばしてゆきます。一所懸命やったとき、人にやさしくしてあげたとき、正直に言えたとき。たとえ失敗しても、その子のやる気を誉めてあげましょう。

あるがままのその子を受けいれ、慈しみ、誉める。そんな親の愛を注がれて、子どもは大きく育ってゆくのです。そして、自分が親になったとき、かつて受けた愛情を今度は自分の子どもに返すことができるのです。

●耳を傾け
身近に感じ
分かちあう
それが人を理解すること

わかってあげる、わかってもらう

コミュニケーションは、人と人とを結びつける大事な役割をはたします。家庭内で円滑なコミュニケーションがとれていれば、私たちは自分の家族を好きだと思えます。わかっていてくれていると思えるのです。

私たち人間は誰もみな、わかってほしいと思っています。「夫はわかってくれない」「妻はわかってくれない」。こんな気持ちでいると、たとえ家族であってもなにかとうまくゆかないものです。

わかってくれると思えれば気持ちが通じ、絆が深まります。きょうだい同士、子どもとお母さん、子どもとお父さん、お父さんとお母さん。わかりあっている、わかってもらえる、そう思えることが大切なのです。

家庭とは、家族一人ひとりが織りなす一枚の織物のようなものです。家族みん

なで作るものなのです。この「家族みんなで」という意識は大切です。誰か一人でも仲間はずれになったら、家族という織物に穴があいてしまいます。それぞれの役割は違っても、一人ひとりみな同じように大事な家族の一員なのです。

一方、情報が溢れる現代の社会は、かえって人と人とがうまくコミュニケーションがとれずに、誤解を招いたり、精神のバランスを崩したり、引きこもりになったりする人が増えています。だからこそ、私たちは、家庭内で家族みんなの気持ちが通じあっているか、つねに気を配っていられればと思います。

子どもの言い分を聞き、配偶者の考えにも耳を傾けるのは、忙しい毎日の中では、ときには負担かもしれません。けれども、日ごろから気持ちが通じあうように心がけていれば、ぶつかりあったときにも歩み寄ることができるのではないでしょうか。

もちろん私たちは、言葉だけで気持ちを伝えあっているわけではありません。表情やしぐさ、振る舞いなどさまざまな形で伝えあっています。ときには、勝手な思い込みで相手の気持ちを誤解してしまうこともあるでしょう。また、口で言っていることと本心とは逆のこともあるでしょう。

けれども「ええ、いいわよ」と口では言いながら、お母さんが拳を握りしめていたらどうでしょうか。このお母さんは本当は「いやだ」と思っているので、拳を握ってしまうのです。こんなときには、いやだと思う気持ちをきちんと伝えたほうがよいのです。言いたいのに言えなくて不満や反感がたまっていると、気持ちは通じあわなくなってしまいます。

気持ちを聞いてもらうのは、とても大事なことです。聞いてもらい、受けとめてもらって、私たちはわだかまりがとけてゆくのです。

家の決まりも、子どもが大きくなったり、赤ちゃんが生まれたりしたら、おのずと変わるものです。こんな微笑ましい話があります。

ある日、四歳の女の子が急いでお母さんのところに来て、「お父さんが、家具に登ってる」と訴えました。このお家では「家具に登ってはいけない」という決まりがあったのです。行ってみると、お父さんが棚の上の本を取ろうとして、椅子の上に登っていました……。

それはさておき、家庭内の決まりは、家族みんなで決めるのが望ましいと思います。ですから、みんなが集まっておしゃべりする習慣があるのは、とてもよいことなのです。たとえば、子どもからこんな要求が出るかもしれません。「もう八歳になったんだから、もっと夜遅くまで起きていたいんだ」「友達と買い物に行くのを、駄目だと言わないでよ」

子どもの成長に合わせて、決まりも変えてゆかねばなりませんね。

相手の話を聞き、わかってあげること。話を聞いてもらい、わかってもらうこと。こんな心の触れあいが、家族という織物をひとつに織りあげてゆくのです。

そんな家庭であれば、子どもは心が安らぎ、健やかに生活できるでしょう。訪れる人も、そんな家ではほっとするのです。

●親だってふつうの人間です

親だって
ふつうの人間です

「そして、二人は末永く幸せに暮らしましたとさ」

どこの国にもこんな結末のお伽噺《とぎばなし》があるものです。夫婦になった二人は手に手を取りあって夕日を眺め、一日の仕事を終えます。日々の苦楽をともにして、夫婦の絆を深めてゆくのです。

でも、夫婦になったからといって、自然に親になれるわけではありません。子どもが生まれて初めて、私たちは親になるのです。

私は長年、夫婦の出産教室を開いておりました。そして、たくさんのご夫婦と出会ってきました。夫婦は、いっしょに出産の準備をし、経験することで夫婦としても生まれかわります。そして、その後の子育てでも違いが出るようなのです。授乳、オムツ替え、夜間の授乳や夜泣きといった生活の変化にも、適応が早いものです。

赤ちゃんが生まれ、母親と父親になってからも、夫婦が夫婦であることは変わりません。この二人の結びつきこそが、子育ての土台となります。

思いがけず子どもができてしまい、あまり心の準備ができていないこともあるでしょう。そんなとき、親になってしまった二人はなにかと苦労するものですね(もちろん、こんな苦労も長い人生においては、味わっておいてよかった、といつか思えるものなのですが)。

一方、妻がお産の教室に通ったり、夫も協力的だったりすると、その後の出産、子育てもずっと楽なようです。最近は、夫のための出産教室もあります。二人で親になる準備をしておくのは、もしまだ間に合えば、おすすめしたいと思います。

教室に通うなどして準備のできているご夫婦は、出産によってさらに夫婦の絆が深まる傾向が強いのです。出産に立ち会った夫の中には、新しい命の誕生を目の当たりにして深い感動を覚える方がたくさんいらっしゃいます。生まれた赤ちゃんにも、深い情が湧くようです。母となった妻に対しても尊敬の念が湧き、父親としての責任も強く感じるようです。

子どもは、親の夫婦関係を見て、夫婦とはこういうものなのだと学びます。男性と女性の基本的なかかわり方を親の姿から学ぶのです。やさしさや思いやり、不和や歩みよりを。

成長するにつれ、子どもはまた、自分の父親と母親も一人の人間なのだということがわかってきます。

お母さんは、お父さんのことを一人の人間として好きですか。

あるとき、私にこんなことを言ったお母さんがありました。

「私は夫のことを男としては好きですが、人間としては好きではありません」

私たちは、夫や妻を一人の人間としても好きでありたいと思います。

子どもは、夫婦としての姿だけではなく、一人の人間としてのお父さんとお母さんの姿もちゃんと見ています。良きにつけ悪しきにつけ、二人の姿から人と人との結びつきの原型を学ぶのです。そして、将来の結婚生活で、学んだものを生かしてゆくのです。

妻であり母親であること、夫であり父親であること。ときにはその役割に疲れてしまうこともあるでしょう。そんなときには、どうぞ一人の人間にもどる時間をつくってください。こういう充電のゆとりこそが、子育ての疲れを癒し、余裕をつくり出すのです。

ストレスをためこんでいると、家庭の空気もぴりぴりしてしまいます。私たち親もふつうの人間です。ときには、一人の人間にもどって、心も体もリフレッシユしましょう。そして、明日からまた子どもと楽しく暮らしてゆければ、と思うのです。

●人は家族をつくり
家族は人をつくる

●家族

分かちあいたい
よいとき、わるいとき
笑いと涙
喜びと悲しみ
そして
家族みんなで学び
一人ひとりを大切にして
生きてゆきたい

人は家族をつくり、家族は人をつくる

家族はどんなに小さくても、一つの社会です。家庭生活には、家族の価値観が映し出されます。同じ心で結ばれ、いっしょに何かをし、学ぶことができたらと思います。家庭は、私たち人間がともに生き、働き、ともに遊ぶ、大切な生活空間なのです。

けれども、現在、多くの家庭ではコンピューターやテレビが生活の中心を占めています。そして子どもにもいやおうなく影響を及ぼしています。これは、いかがなものでしょうか。

余暇の過ごし方にはさまざまありますが、ときには心身ともにリフレッシュしたいものです。家族で美味しいレストランへ出かけてはいかがでしょうか。外に出て、みんなで体を動かすのもよいでしょう。庭やベランダで草木に親しむのも

楽しいものです。海や山へ出かけて大自然に触れるのもすばらしいことです。

家族にとって何が一番必要なのか、そのためにはどうしたらよいのかを、いつも考えて暮らせればと思います。

私たちは、子どもにとって本当に必要なこと、子どもが本当にやりたいと思っていることを、させているでしょうか。

習い事やお稽古事、塾や勉強……。子どもは毎日忙しいスケジュールに追いたてられてはいないでしょうか。もちろん子どものために良かれと思ってやらせているのです。けれども、子どもはそれを望んではいないこともあります。

また親自身が毎日忙しくて、子どもの気持ちを置き去りにしていることもあるかもしれません。学校であったことを話したときの子どもの悲しそうな目の色に気づいていますか。子どもがペットの犬に八つ当たりするのはどうしてでしょう。

言葉の裏に隠された子どもの気持ち、それに耳をすましてください。

親の心がやさしく和んでいれば、子どもが心を閉ざしたとき、察することができます。家族がいっしょに何か楽しいことをしていれば、子どもの気持ちがもっとよく見えてきます。人の気持ちを大切にできる雰囲気があれば、親自身が落ち込んでいるとき、子どもが「どうしたの」と気遣ってくれるのです。

家族とは、良いときと悪いときを分かちあう、心の港です。

長い年月をともに歩む家族。親はできるだけ子どものそばにいてあげたいと思います。生きる喜びを教えたいと思います。

私たちは家族をつくりますが、その家族がまた私たちをつくるのです。

子どもも親に教えてくれます。待つことの大切さを。ときには、思いもかけないことで親をびっくり仰天させるかもしれません。でも、ときには大真面目な大人を笑い飛ばしてもくれるのです。

子どもの笑顔はなんてすばらしいのでしょう。

子どもは大人に気づかせてくれます。もっと違う世界があるよ、と。

家族は、私たちみんなを育ててくれるかけがえのない心の港なのです。

●人と違うから辛いのではなく
違いを認めないから
辛くなってしまうのです

自分を好きになる

自分のことを好きだと思える気持ち。これは、私たちが自分から受けとることのできる最高の贈り物です。

自分のよさに気づき自分を信じることができれば、心は満たされて安定します。一方、自分の欠点に気づき、それを受けいれるためには強さと冷静さが必要です。

私たちが一人の人間として完成される人格形成の時期は、思春期に始まり青年期に頂点を迎えます。その後、さまざまな人生経験をつみ、私たちは一人の人間として、その人格を深めてゆくのです。

自分はもう立派な大人だと思っていても、実は、私たちは一生何かを学びつづけ、精神的に成長してゆきます。私は七十歳を過ぎていますが、つくづくそう思います。就職、結婚、出産、子育て、中年期、老後――人生のさまざまな段階

で、私たちは新しい人々に出会い、新しい経験をし、新しい考え方や感じ方を身につけてゆきます。人生の道のりは、私たちをより大きく、より豊かに成長させてくれるのです。

私たちは新しい経験をするたびに、今まで気づかなかった自分に気づくことができるでしょう。今までの生き方を違った目で見ることができるようになるのです。古い自分から脱皮し、新しい自分になれるのです。

十代のころ、あなたは、みんなに好かれたい、人気者になりたいと強く願ったことはなかったでしょうか。人と同じでありたい、変わった人だと思われたくないと悩んだことはないでしょうか。

けれど、私たち人間は、一人ひとりみな違うのです。

あなたは人とは違う、人はあなたとは違う。

その「違い」をすばらしいと思えること、それが大切なのです。

そして同時に、自分のよくないところに目を向け、それを受けいれてください。そして、バランスを取り戻すために、自分のどこを変えたいか、どうすれば変えられるかを考えてみましょう。

こんなとき自分がこんなふうだったら、きっとこうなるだろうとイメージしてみてください。自分の気持ちとその感覚を大切にして思いめぐらしてみましょう。自分の気持ちに正直になりましょう。そうすれば、人は力が湧いてきて、変わることができるのです。

あなたは、どう変わりたいですか？　変わるためには何をしたらいいと思いますか？　できることを三つ、考えてみましょう。

あなたが変われば、まわりも変わります。そして毎日の生活も変わります。新しい力が湧いてくるのです。あなたは、もしかしたら、今のままの自分でいい、変わる必要はないと思っているかもしれません。けれども、ときには振り返ってみてください。どこかで無理をしてはいませんか。ストレスを感じてはいませんか。

人は年をとると頑固になるとよく言われますが、何歳になっても柔軟な心を持ちつづけられればと思います。そして、人生の変化を受けいれ、さまざまな出来事を楽しみたいと思うのです。

人との違いを認め、それを大切にすること。同時に、変わることを恐れず、やわらかい心を持ちつづけること。それが何よりも大切だと私は思うのです。

●家の中を見れば
その家庭がわかるという
家庭は港
親は、嵐から
子どもを守る錨

●子どもが一番安心できるのは
親が見守ってくれること
子どもはそんな親の姿から
人を信じることを学ぶ

●家庭とは、安心と思いやりとやさしさの港
変わらぬ港でありつづけたい

●その子の一番の長所を思い出してください
必ず光が見えてきます

理想ばかり追ってはいけない

子どもをこんなふうに育てたい。親なら誰でもそんな夢や理想があるものです。

けれども、親の理想や夢を子どもに押しつけてばかりいたとしたら、どうなってしまうでしょうか。その子がせっかく持っている良さや個性が見えなくなってしまいます。

子どもにあまりにも大きな期待をかける親御さんは、自分が果たせなかった夢や、かつての失望の埋めあわせを、無意識のうちにわが子で果たそうとしていることが多いのです。

こうなると、もはやその子自身はどうでもよくなってしまいます。自分の物差しに合うか合わないかが一番大事なことになってしまうのです。

親は、自分の願望を子どもに押しつけてはなりません。こうあるべきだという理想ばかり追っていては、その子自身を見失ってしまいます。けれど、現実の子育ての中では、これはなかなか難しいことなのです。

たとえば、私たちが地図を書くときのことを考えてみましょう。地図はその土地のありのままの姿を写しているわけではありません。あくまでも、その土地を知るための案内図なのです。

子育てにも同じことが言えます。子どもが親の理想どおりにならないからといって、失望してはなりません。本のとおりにならないからといって、がっかりしてはいけません。子どもを無理に型にはめようとするくらいなら、いっそ理想など持たないほうがよいくらいなのです。

どうか、その子自身を見つめてください。その子の良さに気づいてあげてください。そして、その子の特性を伸ばしてあげてください。

十二歳の娘さんを持つあるお母さんは言いました。

「どうしてうちの子はこんなにおとなしいんだろうと、いつも不満に思っていました。でも、よく考えてみると、娘はやさしい子です。友達にも好かれています。今まで、そういうふうに、あの子を見てあげていなかったのですね……」

こうあってほしいという願望に囚われていると、「どうして、この子はこうなのだろう」と不満ばかりがつのってしまいます。その子の良さがわからなくなってしまうのです。色眼鏡ははずして、ありのままのその子を見てあげてください。

もしかすると、お子さんはあなたの理想からはほど遠いかもしれません。けれども、だからこそ、とてもすばらしいものを持っているかもしれないのです。

たとえば、もっと何事にも積極的になってほしいと思ったとしても、その子はお母さんが思うのとは全然違ったやり方で事に臨み、その子なりにうまくやっているかもしれないのです。

その子の良さに気づくというのは、ありのままのその子を見るということです。親の物差しで計るということではありません。こんなことを言ったお母さんがありました。

「私は小さいころからずっと、人の上に立つ人に憧れていました。だから、娘にはそんな人になってほしいと思っていました。この間、学校の国語の時間に、娘はクラスの中心になって勉強していました。本当に嬉しかったです」

このお母さんは、娘さんにもっと活発な子になってほしいと思っていました。けれど、娘さんは詩を書くのが好きなおとなしいお子さんでした。ところが、この娘さんは詩が上手だったので、国語の時間にはクラスの中心になれたのですね。

これはよい、これはよくないという親の好悪の基準で子どもを裁断してはなりません。なぜ子どもにないものねだりしてしまうのか、もう一度よく考えてみてください。あなた自身の苦手意識や人生への失望感がどこかに隠されてはいないでしょうか。

子どもを親の物差しで計らないでほしいのです。親の果たせなかった夢を押しつけてはなりません。どうぞその子自身の良さに気づいてください。それが子育てで一番大切なことの一つなのです。

●気づいてください
子どもたち一人ひとりの違いに
大切にしてください
その子だけが持っているものを

その子だけの居場所

「どうして、お姉ちゃんみたいに、うまくできないの」

「どうして、お兄ちゃんのように、いい子になれないの」

私たちはよくこんなことを言ってしまいます。上の子と下の子とを比べてしまうのです。でも、これはよくありません。こんなふうに比べられたら、責められた子は、自分は劣っているのだ、駄目な子なのだと感じてしまいます。

それに、上の子と下の子が同じになることは、そんなにいいことでしょうか。きょうだいがまったく同じになってしまって、本当に嬉しいでしょうか。

そんなことはないはずです。どんな子どもにも、その子だけが持っている良さがあります。その子だけの個性があるのです。親だからこそ、それを見てあげてください。他の子と比べて不満に思わないでほしいのです。

いつも比べられて貶《けな》されていると、いつか子どもは親を恨むようになります。逆に、比べられて誉められたとしても、それは本人にとってあまりよいことではありません。

「そんなことをして、駄目なお兄ちゃんね」

こんなふうに叱ってはいけません。この親御さんは、よいお兄ちゃん像に子どもを当てはめようとしているのです。子どもも、よいお兄ちゃんという枠を押しつけられ、いつもその枠を意識するようになります。でも、それは親に都合のいいお兄ちゃん像かもしれないのです。これでは、子どもがかわいそうです。

あなたのお子さんは、他の子とどんなところが違いますか。下のお子さんと上のお子さんではどんなところが違うでしょうか。その子だけが持っている違いと良さに気づいてあげてください。

今まで気づかなかったその子の姿が見えてきはしないでしょうか。

親の心の中には、何人子どもがいても、その子だけの居場所があるものです。その子だけが持っている力、その子だけの良さ、どうかそれに気づいてあげてください。そして、それを伸ばしてあげてください。

子どもたちは一人ひとりみな違う。だから楽しいのです。

あるご家庭で、田舎から親戚が訪ねてくることになりました。お父さんの伯父さんと伯母さんです。ずいぶん長いこと会っていません。

「さて、どうやっておもてなししたらいいかな」

お父さんはちょっと困ってしまいました。

「なんだか緊張するわね」と、お母さんも言いました。

「ねえ、みんなで外で遊んだら」

下の子が言いました。

「駄目だよ。伯父さんも伯母さんも年をとっているんだから」

お兄ちゃんが言います。お父さんは明るい顔になって、

「いや、それはいいアイデアだな。こうしたらどうだろう。金曜日の夜、おまえたちのホッケーの試合に連れて行ってあげるというのは」

お兄ちゃんと弟は大喜びです。

「ぼく、伯父さんと伯母さんにチームのことを話してあげる。アルバムも見せてあげるんだ」

「試合の後、みんなでアイスクリームを食べに行こうよ」

お父さん、お母さん、お兄ちゃん、弟、みんな笑いさざめきながら、何を食べに行こうか、どこへ案内しようかと相談しました。

家族みんなでアイデアを出しあって何かを決めるのは、楽しいことですね。こんなときには、その子その子の考えを聞き、尊重できればと思います。

家族みんなで何かをする機会が多ければ多いほど、親子の絆は深まってゆくのです。

●毎日、毎日

私たちはおじいちゃん、おばあちゃんに
近づいているのです！

●私たち大人が示す手本 それが子どもの未来をつくる

子どもは親のまねをする

子どもは親が言うこと、することを何でもまねします。子どもは親のことを本当によく見ているものなのです。

「でも、お母さんは、昨日はいいって言ったじゃないか。どうして、今日は駄目なのさ」

親が理屈に合わないことを言えば、子どもにはすぐわかります。

「そうなの？　でも、お母さんは本当は怒っているんでしょう？」

口で言うことと顔の表情が違っていれば、子どもはすぐに気がつきます。

こんなことは、日常よくあることですね。けれど、こんなささいな日常の体験から子どもは学んでゆくのです。親は気をつけなくてはなりません。

子どもと話をするときには、できるだけ本当のことを言うように心がけてくだ

さい。親の心が言葉と裏腹であると、子どもは不安になります。親の本当の気持ちがわからず、どうしてよいかわからなくなってしまうのです。

また、問題があるのにそれを隠すのもあまりよいことではありません。たとえば、お母さんがこんなふうに正直に話すとしましょう。

「困ったことになったの。お父さんは会社を辞めて、今新しいお仕事を探しているの。だからしばらくの間はお給料がないのよ。貯金を使うことになるの。みんなもその気でいてね」

家族の誰かが困っているときには、みんなで助けあう。とても大事なことです。こんなふうにきちんと説明し、協力を求めることで、家族は助けあうものなのだという大事な価値観を子どもに教えることができます。また、家庭内の問題を隠しだてしない姿勢は、将来子どもが家庭を持ったときにも役に立つことでしょう。

あたたかい家族の絆は、孫の代まで伝わります。親から学んだことを、子どもはいつか大人になって親になったとき、自分の子どもに伝えてゆくのです。

困ったことが起きたとき、お金や性への意識のこと、近所付きあい、信仰の問題……。親がどんな姿を見せているか、子どもは見ています。もちろん、子どもも子どもなりに考えることでしょう。ひょっとするとあんな親のようにはなりたくないと思うかもしれません。そうではあっても、子どもはやはり親の手本から学ぶのです。口でああしろ、こうしろと言うよりも、親自身が手本を示したほうがずっとよいのです。そして「言行一致」というように、言ったこととやっていることが矛盾しないように心がけられればと思います。

親は子どもの未来を左右します。親は毎日毎日、子どもの人生の手助けをしているのです。もちろん子どもの成長に従って、そんな手助けも徐々にいらなくなるでしょう。歳月が流れるのは実に早いものです。

いつの日か、初めての孫を迎えるときが来ることでしょう。わが子が親から学んだものを礎《いしずえ》に、あたたかい家庭を築いてくれる。人の子の親としてこれほど嬉しいことはないではありませんか。

●思春期の子どもを持つお母さん、お父さんへ

期待しすぎると、子どもは疲れてしまう
規則で縛りつけると、子どもは抜け道を探す
何でも言うことを聞いていると、子どもは自己中心的になる
失敗ばかりさせていると、物事を途中で投げ出す子になる
約束を破ってばかりいると、子どもはやる気をなくす
否定されてばかりいると、子どもはどうしていいかわからなくなってしまう
子どもの気持ちを大事にすれば、子どもは思いやりのある子に育つ
信じてあげれば、子どもは本当のことを話してくれる
親が自分に正直に生きていれば、子どもも自分に素直になれる

子どもに任せれば、子どもは責任感を持つようになる
親が自立していれば、子どもも自立の芽を伸ばす
健康な生活を送っていれば、子どもは体を大切にする
支えてあげれば、子どもは明るい子に育つ
違いを認める家庭であれば、子どもは生き生きする
あたたかい目で見守ってあげれば、子どもはやさしい子に育つ
子どもを信じて未来を託せば、子どもは頼もしい大人になる

思春期の子どもを持つ お母さん、お父さんへ

子育てが最も難しい時期はいつでしょうか。乳児期、幼児期、学童期から思春期——その答えは親御さんによってさまざまでしょう。どの時期にもそれなりの苦労があるものです。

子育てが大変な時期が、私たち親自身の人生が大変な時期と重なってしまうこともあります。けれど、そんなときにも、できるだけ日々の暮らしを大切にし、今この時を精一杯生きていければと思います。この子には今何が必要なのか、親として何をしてあげられるか、それをできるだけ考えてあげたいと思うのです。

たとえば、思春期の子どもは、何よりも親に自分の話を聞いてほしいと思っています。「親は自分の話を聞いてくれない」。そんな不満を抱えている子どもは実に多いのです。

思春期とは、子どもが自分は何者であるかを考え、悩む、自己発見の時期です。人生の意味を問い、自分は何のために生きているのかを模索する時期なのです。将来どんな仕事につきたいか真剣に考えはじめる時期でもあります。

子どもは何よりも、そんな自分の悩みを親に聞いてほしいと思っています。子どもの話に耳を傾けてください。不安な心を受けとめてあげてください。そして、励ましてあげてください。それがこの時期の子どもには何よりも必要なのです。

思春期には、子どもの体が大きく変化します。あたたかい心で支えてあげましょう。喫煙や飲酒、性についての正しい知識を伝えることも大切です。

思春期は子育ての総決算のときです。子どもを望ましい方向へ導くことのできる最後のチャンスとも言えるのです。

やがて子どもたちは巣立ってゆくでしょう。その前に、自分を信じ、人を信じることの大切さを教えたいと思います。地に足の着いた子どもは、悪い誘惑に負けたりはしないものです。

●子どもの心

それは目には見えないけれど
とても大切なもの
その子の命が宿っているところ
その子の光を輝かせたい

子どもの心は、命の形

しなやかな髪、輝く瞳、かわいい仕草……。愛らしい子どもの姿を見て、私たちはこの子は誰々によく似ているねなどと言うものです。

けれど、子どもの外側の姿だけでなく、その内側にも目を向けてください。子どもの心に触れてください。

子どもの心に宿る命の輝き。それなしでは、子どもは死んでしまいます。ただの人形と同じになってしまいます。

子どもの命の輝きを感じ、内なる光を輝かせてください。私は強くそう願うのです。

私たちの周囲には、まるで機械仕掛けで生きているような人々がいます。日々の忙しさに追われ、心ここにあらずといったふうなのです。頭の中が他のことでいっぱいなので、今このときを生きることができません。そんな大人は、世界中たくさんいます。

けれど、子どもは違います。今このときを生きているのです。その溢れんばかりのエネルギーには圧倒されてしまいます。「ねえ、見て、見て！」と子どもは全身で叫んでいるかのようです。

親がちょっと一人になって休みたいと思っているときでも、子どもは放っておいてはくれません。まったく困ってしまいます。でも、こんなときでも、即座に「うるさいわね！」と叱りつけないでください。「お母さんは休んでいるのよ」と言い聞かせてあげてください。

大きくなった思春期の子どもには、静かな自分だけの時間が必要です。心を静め、自分を顧みるひとときが欠かせないのです。もう少し小さい子どもなら、そんなひとときは、静かに気持ちを休める時間になるでしょう。ヨガや呼吸法などのリラクセーション法を教えてあげるのもよいでしょう。

幼い子どもは、お母さんやお父さんの膝の上で甘えているうちに気持ちが落ち着いてくるものです。本を読んでもらったり、歌を歌ってもらうのが好きなお子さんもいることでしょう。いっしょに庭いじりをするのもよいと思います。粘土遊びやお絵かきなどの手先の遊びも緊張をほぐします。

親とのおしゃべりも子どもの心をほぐしてくれます。今日一日あったこと、明日のこと。大きな子どもなら、人生について語りあうのもよいでしょう。親の若いころの話をしてあげたりすると、きっと面白がって聞きますよ。

こんな心の触れあいによって、親子の絆は深まってゆきます。楽しい話、悲しい話……親が伝えたいと思えば子どもは耳を傾けます。そして、親の心は子どもの心に届くのです。

子どもの心というものは、その子の性格とは違います。命の形といえましょうか。親に導かれて、子どもは命の形を育み、内なる光を輝かせるのです。

●家族のなかに子どもがいるそのすばらしさ

●大人は、子どもの力を
引き出す鍵をにぎっている
だから、子どもの最良の手本でありたい